AF275311

LA SANGRE ENCENDIDA

LA SANGRE ENCENDIDA

ALBERTO SALAMANCA BALLESTEROS

Valparaíso
EDICIONES

Número 568 de la Colección VALPARAÍSO DE POESÍA
dirigida por FEDERICO DÍAZ-GRANADOS

Diseño de colección y portada: Chari Nogales
Maquetación: Carlos Henson

Primera edición: mayo de 2026

© De los poemas: Alberto Salamanca Ballesteros
© Imagen de portada: Slavica

© Valparaíso Ediciones
C/ Fray Leopoldo, 7 bajo, 18014 Granada
www.valparaisoediciones.es

ISBN: 979-13-88007-66-8
Depósito Legal: GR 551-2026

Impreso en España - *Printed in Spain*
Gráficas Gami

Cualquier forma de reproducción, distribución, comunicación pública o transformación de esta obra solo puede ser realizada con la autorización de sus titulares, salvo excepción prevista por la ley. Diríjase a CEDRO (Centro Español de Derechos Reprográficos) si necesita fotocopiar o escanear algún fragmento de esta obra (www.conlicencia.com; 917021970 / 932720445)

El papel utilizado para la impresión de este libro está calificado como papel ecológico y procede de bosques gestionados de manera sostenible

LA SANGRE ENCENDIDA

Para Pura, sueño que engarza
deseo resucitado y sangre encendida

LA PALABRA AMOR

CUÁNTAS veces se habrá repetido hoy la palabra «amor»
en el mundo.
En la intimidad de cuántos habrá estallado.
Qué sugestiones habrá transmitido, qué hechizos, qué
sensaciones.
En qué sinónimos enmascarada habrá serpenteado qué
territorios [ignotos.
Qué historias habrá acumulado la palabra «amor» hoy en el
mundo.

1.

El peso de tu cabeza sobre mi pecho.

[D]itt tunga huvud mot mitt bröst.
EDITH SÖDERGRAN

LA INOCENCIA

El tiempo es infinito ahora que te amo.

MARUJA VIEIRA

TRAS borrar con minuciosidad rastros
—todas las huellas de nuestra inocencia—,
desafiábamos cada anochecer
la aventura de llegar tarde a casa.

Sujetos a infinito tiempo que amor otorga,
distraídos en medio de mimos y minucias,
nos demorábamos en lenguas aún ignotas
en portal rancio de una academia de idiomas;
nos entretenía la conquista en territorios
inexplorados junto a la vitrina
de una agencia de viajes;
nos detenían las dulces caricias
de velador de una confitería;
retenidos sin culpa como presos de abrazos
principiantes y torpes,
rezagados en el dogma de pechos
cómplices de inauditas humedades.

Víctimas de un complot, nos retrasaba
incomprensible cábala que atrapa,
conjura de extravíos que urde la urbe:
intriga de confabuladas calles,
magia de semáforos embrujados en rojo,
caminos cortados, mal señalizadas obras,
absortos en conciertos callejeros.

Polifonía de pasos pesados
para pies tan ligeros.

La única contradicción en aquellas
demoras entramadas y tardanzas
era que, aunque vivías en el décimo,
el ascensor resultaba más rápido
que nuestro beso.

LA IMPACIENCIA

CON premura vivíamos
un amor con entradas
sin numerar,
con labios apremiantes,
dedos con prisas
y piel urgente.
Éramos más veloces siempre que la pasión
y nos urgía cada intimidad,
cada sospecha nos apresuraba.
Fuimos sicarios de la tentación.

Todo muy ocasional.
Todo alegre e impreciso.

(Tan solo los ojos carecían de impaciencia).

VERTE DESNUDA

*Verte desnuda es comprender el ansia
de la lluvia que busca débil talle.*

FEDERICO GARCÍA LORCA

*Verte desnuda
es comprender el hueco de mi mano.*

LUIS GARCÍA MONTERO

VERTE desnuda es descubrir el orden
oculto del reparto tan anárquico
de tus lunares.

Espiar tu cuerpo prófugo que duerme
es rozar el ensueño que sustenta
cualquier enredadera: es ver tu hermosa
transparencia que irradia y reverbera.

Al igual que contemplar tus muslos,
que entrelazan irremediablemente
la tarde, es desentrañar los eclipses
y el errático vagar del murciélago
hasta tu cama.

Y observar tus manos es entender
esa promiscuidad exuberante
de la anémona en ritmo solidario,
tierno y sincronizado de los dedos.

Así como el reparar en tus labios
es complacerse con la marejada
que entre tus besos cía
y boga hasta fondear en mi boca.

Mirar el cabeceo de tus pechos
es revalidar aquel íntimo eco
que, tenaz en mi pecho, reverbera.

O asistir al inapelable y vasto oleaje
de tu vientre es intuir
los naufragios y los cuerpos hundidos
perdidos para siempre.

Verte desnuda es en fin comprender
mi ritmo circadiano,
saber por qué amanece cada día.

EL AMOR QUE PERVIVE

Exegi monumentum aere perennius.

HORACIO

NO por en sólida roca esculpirse,
ya que el tiempo la desintegrará,
ni por ser representado en el lienzo,
ni siquiera bosquejo en la pared,
porque antes decolorará y más tarde
se desvanecerá y será omisión:
hay humedades y ciertos organismos
que se nutren de cualquier amor solo,
desahuciado o huérfano de creador.

Pero sobrevivirá este amor mío
porque aquí queda escrito y de ese modo
durará el recuerdo: la carne muerta,
muertos origen y destinatario,
el poema consumará el milagro.

RECUERDO A EUCLIDES Y FIBONACCI

LATE ascua en mi corazón que cada uno
coma seis latidos quema, encendiéndome
va paulatinamente y arde en mis venas.
Luego el fuego enfría, pero al contar
hasta uno coma seis el ascua prende
vuelve a abrasar hasta que me consume.
Tú, que conoces el secreto místico
de los guarismos, el significado
recóndito de las palpitaciones
y la áurea proporción, me describes
por qué mi corazón, como colmillo
de elefante, cubierta de Nautilus,
distribución de planetas y lunas,
mi corazón como cualquier evento
físico del Universo se pliega
al ritmo que marca el irracional
latido de tu ondulante cadera.

BAUCIS A FILEMÓN

ME entrego a ti
y te ofrezco mi pecho
en esta oscuridad
de jardín en el frío
de mis pezones.
Late en mi vientre
la matriz primigenia,
madre de todos
los dioses con tu sueño
en mis manos mi boca
en la tuya. Yo tilo
como tú roble
que estremece: tu copa
se quiebra y como bosque
incontenible o como
libro que se desangra
te abrazo y entonces
esa luz cegadora
que me penetra
expande mis raíces
y te tengo aquí dentro.

Vuelan torcaces
de tu rama a la mía.

Y entrevero las savias
y nuestros frutos.

Fusiono con mi abrazo
mi verde talle
con manos desterradas,
ramas que se desnudan
con brotes de ventura.
Porque entre roble y tilo,
calladamente tejo
y desposo mi aurora
con tu averno y tu elíseo.
Más que yedra amorosa
que muérdago engatusa
y más que mantis que
devora y devorado,
somos amantes
que se incorporan
entrelazados como
forma de persistir
eternamente unidos.

GRANAÍNA

COMO un carmen en Granada
cálido acogedor íntimo
como un carmen en Granada
tu sexo amor infinita
flor insomne reverdece
en soledad de mis noches.

Como antigua pesadumbre
en soledad de mis noches
como antigua pesadumbre
tu sexo amor infinita
flor insomne reverdece
en soledad de mis noches.

LA LENGUA

IGUAL que de otras lenguas he gozado,
surfeo, amor, la tuya.
Tu lengua recurrente
envolvente y rizada.
Acogedora a veces,
otras no tanto
(como, por otra parte, cualquier lengua).
Fría a menudo,
tu lengua frente a Santa Catalina,
tu lengua, amor, que es la barra en Mundaka.

TRANSVERBERACIÓN DE UN SUEÑO

JUSTO antes de mi cotidianidad
—la ducha el paseo el perro los libros,
mis tentativas y mis cataclismos—
y con anhelo de un amor ansiado,
hoy he despertado en un sueño que engarza
pasión que resurge y sangre encendida,
república erigida por mis manos
de dedos alados que reverdecen
humedad femenina y carne tensa.

Un sueño sustentado entre tus pechos
y tus nalgas un sueño donde hallar
toda tu gloria y mi ingente lujuria.
A pesar de todo, un sueño del cual
el rastro no persiste porque ha sido
un sueño evocado en palabras de ascuas
que se autodestruyen en dos segundos.
Un sueño que ya olvido porque quema.
Un sueño del que no quedará nada
al terminar de leer esta línea.

TUS LATIDOS ENTRE TODOS LOS CORAZONES

Después
descansaré la cabeza en tu vientre.
Sentiré la humedad. Oiré el susurro
ardiente aún del latir de la aorta.

ASB

ENTRE todos los corazones,
identifico tus latidos
acompasados, su cadencia
única, como luz de faro
en cálida noche de estío
mediterráneo; su pulso
singular, como una sirena
de fábrica en la cenicienta
tarde de invierno; su armonía
celestial, campana de iglesia
que desbocada lanza al vuelo
la mañana primaveral.

Los reconozco al percutir
como un compás de dos por cuatro
o como olas de un mar amigo.
Evidencio su persistencia,
igual que clamor de relojes
gota de grifo mal cerrado
tamborileo de teclado.
Y evoco el chasquido sistólico
que delata su ardiente timbre.

Confirmo sus palpitaciones,
sus pausas, su aceleración
entre todos los corazones.

UNA VIDA SIN TI

MI vida hubiera sido otra sin ti.
Una vida vana, uniforme y plana.
Sin las hermosas cumbres
ni los tremendos valles.
Las noches sin ti hubieran resultado muy largas
y las mañanas tristes
y los crepúsculos inexistentes.
Todo como una tarde de domingo sin ti.
Y no conversarían las estrellas
y las Perseidas no serían diosas
(de las que favorecen con deseos).
En la vida sin ti
no hubiera preferido nunca el verde
ni sufriría con esos que sufren.
Tampoco volaría como ahora me elevo.
Sería vida sin Grecia ni Roma
ni mundo clásico.
Sin ti, impertérrito ante
el canto de los pájaros.
Impasible ante la ópera y Puccini.
Hubiera sido indiferente Stendhal
o Florencia o Venecia.
Una vida de derribos y olvido.
Una vida sin lágrimas sin ti.
Sin volcanes sin lava,
o sin lluvia en la cara.
Una vida sin libros.

Una extraña vida sin comprender
nada de la utilidad de lo inútil.
Una vida de espíritu marchito.
Sin esencia, sin ti.
Una vida como la de millones
que pasan sin apenas darse cuenta.
Una vida sin ti.

RETROSPECTIVA

ANTES de nuestros hijos, mucho antes del amor.
Antes todavía de mayo del sesenta y ocho.
Antes de Federico y de Neruda,
antes de Mozart y de América antes
de la democracia griega y de Homero
y del año diez mil antes de Cristo.
Mucho antes de cualquier agricultura,
que *Homo sapiens* hollara el Cuaternario,
incluso que la bipedestación.
Antes de que se derramara nuestro
polvo en la Vía Láctea, antes de los planetas
y antes de las estrellas.

Justo antes del Big Bang,

                          exactamente ahí:

tus moléculas de pasión, mis átomos
de amor entremezclados
infinitesimalmente juntos, remolino
de la luz y ciclón de la materia
             en
                 un
                    punto.

PULCHERRIMA PARTIS ORBIS NOVA ET EXACTISSIMA DESCRIPTIO

EN aquel particular universo
dibujo mapas de tu laberinto intrincado
tras recalar en las aguas someras.
Minucioso contorneo las costas,
recorro tus ardientes periferias
nombro sus accidentes
coloco monstruos en tierras ignotas.

Envidio tus afluentes
transito por tus senderos estrechos
me conmueven los árboles mojados
y el enorme esplendor de los helechos;
admiro la hondura de tus soles y tu piedra,
me dejo ahogar en tu mar que anega
en tus atardeceres me destierro.

Y soy de tu desierto el eremita
como el ferviente labrador de tu huerto.
Asomado a tu otero
soy fulgor en la vega
cuando me purifico en ese fuego.
Y celo junto al humus de tu tierra
de tu aurora cartógrafo y alfarero.

DONDE LOS BESOS ANCLAN
Y EL ANSIA ANIDA

A este mundo surgí cuando tus manos
alcanzaban las estrellas más altas.

Eras cigüeña.
Luz y Universo.

Y eras venero, fragancia, flor, fruto.
El talle leve y los senos de nieve.

Floreciste en mis manos,
entre mis dedos yema
que se abre, pétalos
de hambre en un jardín que devora.

Eran las bocas el istmo que unía
tu península con mi continente,
mi continente con tu contenido.
Todo mi cuerpo labios
aguardando que me besaras.
Y fue mi lengua
lengua de fuego que en Pentecostés
glorioso peregrinaba tu cuerpo.

LOST IN SPACE

CONFIESO que al principio abandonarse fue fácil.
En cadera indómita, penumbra de guijarros,
o en tus pezones como rascacielos
que escalaba sin ayuda de oxígeno
o en la profundidad de tus abismos
explorados a oscuras:
tantas veces extraviado en el bosque
legendario y quimérico...
Como el átomo radiactivo cede
sus electrones
(acelera el calor la reacción)
fui rastreador que a las emociones cedía.

Fue después cuando comencé a perderme
en busca de la hermosa Cruz del Sur
en la constelación de tus lunares.
Y minuciosamente me perdía
en los vastos firmamentos de piel
recorriendo los años luz del cosmos,
el dedo en tu espacio interestelar
muy despaciosamente
extraviado en medio de tus asombros
y siempre entre nuevas constelaciones
en la noche tibia de estrellas grandes
que también simulan siluetas en este cielo.

Hasta que, ensimismado en la galaxia,
ostensible ahora el cielo otoñal
del hemisferio norte de tu amor,
más allá de límites del Sistema Solar
y lejos de cualquier agujero negro, creo,
me pierdo en el espacio para siempre
y flotando navego a la deriva
como un astronauta fantasma.

BREVE INSTRUCCIÓN AL AMOR DEL POETA PARA UN RELATO DE RELOJERO CON EXÉGESIS

1.
NARRA, amor, cómo un pulcro relojero acaricia
coronas, cómo ajusta resortes y engranajes,
y hace escape y volante con un pulso preciso.

2.
Cuenta cómo su empeño mecánico palpita,
cómo articula, amor, ritmo y rumor de pasos
y el caer de la arena con cadencia de estío.

3.
Describe aquellas manos minuciosas y exactas
pulir la caja, cómo el bruñir del bisel,
cómo ruedas, piñones y árboles son puntuales.

y 4.
Por qué el dar cuerda y que se almacene energía
y que las manecillas circunvalen esferas,

cuéntalo:

para que así acompase tu tictac con el mío.

PRONTUARIO PARA INCENDIOS

QUE abra un cráter el volcán de mi boca.
Que mi mordisco inocule ponzoña.
Que te infecte mi mordedura.
Que el veneno inflame la sangre.
Que la encendida sangre prenda
un furioso fuego en tu cuerpo.
Que sea como el viento tórrido
de la canícula en tu piel.
Que arda en los labios.
Que hierva en las venas.
Que queme pétalos.
Que queme los eclipses.
Que cauterice las heridas.
Que derrita el hielo su flama
y arrase cualquier lugar con sus llamas.

Que incendie así el mester de juglaría.

Y que finalmente queme esta página:
que abrase la vieja metáfora,
que arda en su propio fuego.

PÍLDORA DEL DÍA DESPUÉS

TODA la noche
bogando el vasto océano.
Al alba, anclado.

Ahora, en tierra firme,
de nuevo ansío su ola.

SOBRE UN TEMA DE RIVERO TARAVILLO

TOCADOS por la dicha, encarnados,
acudimos de otra vida remota.

Tu corazón aún late en mi pecho.
Tú habías recibido mi manzana.

Seguro que todavía acarreas
a la hetaira de Ortigia,
náyade de Aretusa
que en otra vida fuiste,
como el alto recogido del pelo
y aquellas crotalias etruscas
que tintineaban en tus lóbulos.

Ungida de resinas y arrayán,
señal de la constelación de Libra
en la cara interna de tu brazo,
y el topacio líquido de tus ojos
persuadidos de eterna continuidad
que yo silencioso destilo.

Siempre estarás aquí porque te cito.

Corre aún por tus venas aquella Magna Grecia.
Y no existe más tiempo que estos versos.

2.

Y de repente todas las distancias se vuelven infinitas
AMALIA BAUTISTA

EL PIÉLAGO DE LA GLORIA DE SU CUERPO

EN este tálamo te invoco, Cátulo.
Me asista tu inmortal lengua, maestro.

Cómo, en el borde, decir lo que siento.

Bajo las sábanas, torcaces de humo,
me estremezco en mi propio desvarío,
extraviado por los despeñaderos
de aquel cuerpo, en escarpadas almenas,
desde la fortalecida muralla,
lomas que señorean las caderas,
en las colinas de los horizontes
sobre la barranquera de las ingles,
en el seísmo de aquel vientre abajo,
en tanto abismo de la madrugada
que pone Amor, derrumbadero ufano.

Sima por donde encumbran estos versos
que roban voz donde abundó clamor.

POEMA PARA LA SANGRE ENCENDIDA

PARA quien sepa escuchar que sea este poema.
Un poema tornavoz que amplifique la luz
dispersa en su cabello, que cumpla la misión
de rememorarla sin husmear demasiado
en la memoria y sin ni siquiera aspirar humo
de tanta ausencia; muestre cómo es imprescindible
sangrar entre versos y que se abra como herida,
que oriente acerca de los pantanos justo encima
de sus clavículas, mariposas al final
de sus brazos, las vastas inexpugnables huestes
de sus lunares, nubes densas de sus pezones
fríos, claveteado postigo de su vientre.
Que haga anhelar manzana y ansiar boas voraces.
Que sea el pedestal que llora la anatomía
que ahí termina, nunca clausure puerta alguna
y no sea un poema al fin que cante en vano.

EL SUEÑO (034)

ESTA noche un espectro,
ay, me ha besado con su lengua.

Enroscada y candente,
el ansia me asaltó con el desgarro
de un tango... ¡Aquel amor desmesurado!

Me parece mentira, pero existen canciones
que aún despiden lava ardiente.

DONDE NACEN LOS VIENTOS

AQUELLA fría mañana, de invierno
que blanquea y acristala, el cielo gris
no presagiaba nada. Me besó
como siempre y salió de casa.
Bien podría, era fácil, haberse distraído
entre mis labios o entre mis brazos demorarse.
Partir un poco después. Esperar
el ascensor un poco más. Hacer un breve alto
en su camino, atar los cordones del zapato,
retocarse en cualquier escaparate.
Pararse con una idea de esas a las que das
miles de vueltas antes de que termine en nada.
Pero no se demoró. No esperó.
No se detuvo.
Justo alcanzó el cruce aquel en el preciso instante.
Puntual en el momento cabal. Ni más ni menos.

En el punto donde nacen los vientos
y es menos que un soplo uno de fuerza ocho.

Él era hálito en dirección opuesta.
Ninguno de ellos se fijó en el otro.
Ninguna retina retuvo sombra
que se acercara.
Nadie esbozó ninguna sonrisa al encontrarse,
y a ella no le brillaron los ojos ni un segundo
ni un instante cuando se cruzaron en la acera.
Un momento en el que cabe la vida

entera dentro de la indiferencia.
Incapaces después de describir
ni un solo rasgo ni un gesto del otro,
sin detenerse se deslizó el viento
y hollaron pasos su propio camino.
Se presentó él en el trabajo a tiempo
y ella fue turbulenta tramontana
en un día que no presagiaba nada.

LA PLANETARIA DIMENSIÓN QUE
SEPARA DOS LATIDOS

[Q]ué planetaria dimensión separa
dos latidos, qué inmensa lejanía
hay entre dos miradas
o de la boca al beso.
CLAUDIO RODRÍGUEZ

ÉL comenzó diciendo:

Soy mar si tú eres isla,
soy sitio si tú guerra,
hogar si fuego,
botella si agua.

Si eres aire pulmón,
si frío soy frazada,
si sombra sol,
si luz tiniebla.

Y contestó ella:

Escucho notas de tu voz. Tu voz
que en mí resuena ahora desde labios
que tiemblan desde una boca que finge.
Pero has de saber que no anhelo aislarme
aspiro a la libertad de los mares
viento al rostro como alas en el aire.

No tengo afán de lucha o de porfiar
y menos de guerra. Y no, desde luego
que no me rindo, pero ansío paz.
Tampoco quiero ser incendio ni agua
retenida ni reinhalado aire.
Aún menos ser fría o ser umbría.
Ni siquiera solo luz también amo
las tinieblas, por lo tanto investígame
en cualquier recoveco de la noche
o en claroscuro bajo el emparrado.
Y no ambiciono ser flor donde libes.
Además, sobre todo
odio ser envuelta para regalo.

ANTICIPO LAS MUERTES

ANTICIPO la muerte
en todas las espinas de su talle
que aguijonean;
en el genuino dédalo encarnado
que hechiza y que extravía
estrellas mapas brújulas
la rosa de los vientos, los puntos cardinales;
igual que en fragosidad de la jungla
que desnorta y marea;
en tibieza de nuca;
en locura de vientre;
en el camuflaje ágil de su piel
que mimetiza
la brizna de hierba el canto la arena el matorral.

Y anticipo otras muertes
en el agrio veneno de las lenguas
que inocula y emponzoña;
en laxitud y abandono acechante
que inmoviliza;
o en armadura de alma
que parapeta.
Y anticipo la muerte
en las rutinas, hábito
que seduce y corrompe
el laberinto de su cuerpo reverenciado,
que acaudilla cualquier antología
de la muerte y que subraya la efímera
duración de las cosas.

EL ACANTILADO

[S]us cabellos movidos por el aire,
y la mirada fija dentro del mar.

FRANCISCO BRINES

PARPADEAN los rayos de sol entre nubes
que discurren veloces y las salpicaduras
como agujas de frío mar invernal conforman
un paisaje habitual que circunvala
aristas y rompientes.

Allí mismo, en la proa del abismo,
en ese punto más meridional,
como gaviota estática en los flujos
del precipicio, casi a punto de cabriolar,
girar a un lado y hacer luego un picado,

allí
       estaba ella.

Con su perfil como rapaz marina,
sus cabellos movidos por el aire,
fija la mirada dentro del mar,
como si el tiempo no deseara circular
en unas decrépitas esferas agotadas.

Una racha de viento la sacó
de su ensimismamiento, alzó la cámara
miró por el visor, y enfocó con rapidez
propia de un profesional. Disparó
varias veces una máquina réflex.

Captó justo el instante de la entrada
en pérdida, ese momento en que el aire
deja de sostener e inexorable inicia
la barrena final.

LO QUE DURA UNA TARDE DE LLUVIA

DURÓ el amor una tarde de lluvia.
Nació en un café de los de puerta giratoria,
cornucopia y veladores de mármol
al que nos empujó aquel aguacero.

Aterido de frío,
entre sus lunas lentas,
acaricié las manos, las mejillas mojadas.
Acomodó ella la cabeza en mi hombro
y engañamos la niebla,
burlamos el abismo de la tarde.

Especulamos con nuestro futuro.
Nos desdoblamos entre tanto espejo.
Nos inventamos mil proyectos:
en qué continente viviríamos
o cómo habría de ser nuestra casa,
de qué lado estaría cada uno en nuestra cama,
qué nombre le pondríamos al perro
y, claro, consensuamos cuántos hijos tendríamos.

Henchimos durante una tarde el hueco del pecho
con la humedad de una tarde de amor.

Se multiplicaron, crueles, las máscaras.
Voló una luz inútil sobre los veladores.
Norma de felicidad de humo nos desarmó
en la última colina de la tarde.

Con temblor fugitivo,
en el falaz café de ventanas empañadas
también quedó extirpado nuestro amor.
Dejaron de ser nuestros hijos y nuestra casa.
Al parecer, la vida tenía otros proyectos
mientras fuera caía torrencial
el anochecer en Puerta Real.

GLOSA

ACECHARON en la distancia olvidos,
la indiferencia, la amenaza, el odio,
hasta que sus incursiones se hicieron
más redundantes y obstinadas y hoy
crece la sombra y prospera la duda
y termina por enseñorearse
el reino de la queja y del reproche.

Experta en juegos de disimulo ella,
yo maestro en sospechas, astillados
en fragor y sigilo de otras olas.

Sospecho que resulta ya inútil reconstruirnos.
Por más que intente recordar el último
contacto de mis labios en su piel.
Por más que reproduzca una y otra vez,
estéril, nuestra lista de Spotify.

DESBARATANDO TEORÍAS MELIFLUAS SOBRE EL AMOR

SU hermosura que aquí traiciono loo
en este poema que la recuerda
como materia corruptible objeto
de deseo y profundo abismo de pasión.

Es preciso que os recuerde a Leopardi:
vida hermosa no es la que se conoce,
sino más bien aquella que se ignora.
Y ella me transportaba, lo confieso, a lo ignoto.

Antes Amor puso ante mí su engaño.
En aquel cielo pagano lucían
demasiadas estrellas que hoy ya no resplandecen.
Y en ese tiempo miserable y tierno,

estaba persuadido de amarla y de su mano
por un paseo de farolas cálidas
y grava y un agrio olor a fritura
que venía del fondo en la verbena,

envuelta en una nube de polvo luminoso
y una melodía que entrecortada traía
una brisa —de esas que despierta a los cuchillos
y el puñal repetido de las olas—

ahí, en ese paseo con la brisa
el polvo la melodía y los fritos,
uno a otro salpicándonos la orilla
jugábamos con la arena insumisa

y, entre risas, premiosos avanzábamos.
Lamí las estrellas de sus pezones
en minúsculos pechos de aceituna
ella mordió los lóbulos de mis orejas,

dejaba jirones la noche en el rompeolas
y la humedad se adhería a sus labios.
Besé su boca de humo y sus labios de mújol.
Y quise una larga noche noruega.

Abrazado a su talle sudoroso sabía
que entre sus muslos estaba la noche.
El nido de su pubis y la lengua
de su sombra acechaban el alud de los vientres.

Prendida ya la sangre en su ansioso saqueo,
su boca de humo y sus labios de mújol
la luna que en su espalda resbalaba
fueron bruma que enajena dulzura.

Sí, me dejó morir aquella noche,
conmigo murió ella y antes de la resurrección
volvió a morir despacio y transparente.
Volaron mariposas sobre la postrera ola.

Un castillo de luz atronó el cielo,
pirotecnia de cuerpos y chispas ascendentes,
y luego vino el denso perfume acre
de gastada pólvora como puertas cerradas.

Para cuando alcanzamos la verbena
—se ve que yo avanzaba con desgana—
todavía con brillos de luna en su cintura,
se marchó con otro pez de la aurora.

A mí, que conocía los gritos de su muerte,
de aquella muerte extensa tan hambrienta,
un cielo sin astros me mostró un poso
de pesar y una traza malva en el horizonte.

Con el ladrido de algún perro desamparado
de vuelta solo
con piedad de mí mismo, desandando el camino
(ya no deseaba una noche de Svalbard)

de barro embadurnado de otro cuerpo,
hallé unas bragas junto al rompeolas.
Terminé por vomitar tanto prístino juego,
tanto negror de muslos, tanta muerte gloriosa.

Ahora, que tan remota la pienso,
admito que más próxima la encuentro.
De cualquier forma, valga este poema
para el desmantelamiento de ciertas

sobre el amor conjeturas melifluas.
Constate así el final del espejismo,
la efímera pasión y al rescatar del olvido
reconcílieme yo con la memoria.

DESAMOR Y CAMBIO CLIMÁTICO

EN aquel tiempo existimos como eco
distante de lo que hubo entre los dos.
Nuestra historia sucumbió a otros cuerpos
y se arrastró durante horas marchitas,
sumidos en aluviones y caos,
fruto del calentamiento global.
Tú jugabas con las cartas marcadas
y yo urdía trampas más allá de la baraja.
Amenazabas tú al atardecer
con la caída de la noche, yo amanecía
en ciudades lejanas en países remotos.
Volvías turbada de otros sabores
yo era arrogancia a gritos.

A punto de una triste despedida,
desesperado evoco el gesto de lanzar
dentro de una botella un mensaje de socorro.
El cambio del clima tuvo que ver
en aquel desenlace.
En resumen: fue río la deslealtad como
frontera, aunque luego, con la sequía,
dejó de fluir. Dejó de ser confín.
Para entonces, botella y mensaje quedaron
para siempre encallados en un árido olvido.

De aquel barro espigué estos versos,
crónica de un desgarro,
de otra —ínfima— extinción en el planeta.

3.

Cuando acaso empezamos
a repetir palabras que no pueden
conjurar lo perdido.
JOSÉ ÁNGEL VALENTE

LA MUERTE DEL AMOR

Poetas, mentirosos, ustedes no se mueren nunca.

JAIME SABINES

AL dejar de amarnos fui muriendo poco a poco.

Solo soy ahora una parte de mí,
medio cuerpo o escasamente este brazo.
Hay otra parte que ha muerto para siempre.

Cuestión de tiempo que entero me muera.

Me consideras como un fingidor,
me llamas mentiroso porque crees
que al dejar esto escrito no moriré jamás.

EXHORTACIÓN DESDE
LA PUNTA DE LA LENGUA
(CARTA DESDE EL MÁS ALLÁ)

Alexandr Pushkin en el recuerdo

TODAVÍA sin hacerte a la idea
tomo tu aliento y te incito a soñar,
abre tu sueño y cobíjame dentro.
Suéñame en los arenales atlánticos
o en noches de desiertos estrellados,
la arena bruna y el mar, sutil igual
que semilla de barrón, recio como
tenaz Levante. Órname con los labios
de cactus en ese sueño, abismado
en sombra de hiena innumerable, brizna
de hierba que arrulla y acaricia tu espalda,
como coma en los puntos de un desgarro.

Una ráfaga con mi forma te envolverá
y allí, en vaivén de olas mansas y amigas,
imagíname entre notas y frases
de un conmovido Réquiem, paso a paso
en el camino, en gotas de sudor
de densa Selva Impenetrable, aspírame
con perfume de flores de violeta,
fragancia del latido de poniente,
distíngueme en las huellas vigorosas
de asfalto, escenifícame a tu lado
en el teatro, figúrame en todas
las cosas que te hacen amar la vida.

Como en las lágrimas de San Lorenzo
deséame esa noche que es suspiro
de madrugada, al apagar las velas
de cumpleaños o en las campanadas.
En los bajos de tu falda, sospéchame
en la niebla que se levanta, en talle
melifluo que concluye en altozanos,
microscópico en tus pliegues profundos
multiplicado en susurrante otoño
al caer, múltiple herida olvidada;
mírame entre líneas (ahí, ubicuo,
emerjo en una elegía y comienzas
a sospechar sobre mí la verdad).

Apremia y en humedales del recuerdo,
antes de despertar, invéntame aura
como higuera de verano en tu sueño,
codíciame en posidonia que mece,
desnúdame en la playa del otoño,
recomponme la cara y restabléceme
las manos en cada rada y percibe
cualquier rincón de aquel cuerpo como años
antes de mi muerte y enciéndeme un pulso
enardecido que avive en tu sueño
hasta despertar del atroz olvido
del desamparo de la noche eterna.
Porque es monótona la eternidad.

RÉQUIEM DE LAS PALABRAS

PALABRAS más allá
de tus labios, heridas
en aire que circunda,
puede que cicatrices
al viento que las lleva.

Sin embargo, ya nada será igual

porque dentro resuenan
indelebles como gemido trágico
voces sordas, ay, como sollozante
recuerdo en este breve
poema balbuciente.

EN LA FRONTERA DE LOS VERSOS

Instalado ante el escritorio veo
caer copos negros sobre el cuaderno
y cómo lentamente
llueve un verbo exhausto sobre el poema.

De pronto observo

en la misma frontera de los versos
justo en el límite de las palabras
donde todo es silencio,
cabal al otro lado de las líneas,
poco más allá de la ese final,
donde se encarnan sombras
donde se ampara la realidad
y se sofocan voces,

ahí, vienen tus labios a posarse
y me besan a través de este muro
y los advierto endebles en mi boca
como ya con temor a las palabras.

CUANDO SE ESCRIBE A CIEGAS
TANTEANDO LOS RECUERDOS

SIN ti, amor, boca que no llama, brasa
que no se sofoca, es ansia que arrasa
en asfixiante incendio inextinguible.

Arden tus alas de cera fundidas,
devasta sombra sobre tu mortaja,
queda, inútil, la leve lluvia bilateral.

Como sin querer arruinarlo todo,
paso de puntillas por territorio
carbonizado que deja tu ausencia.

También se anubla la memoria envuelta
en penumbra de humareda compacta,
solo irradia el olvido y al fin escribo

a ciegas tanteando los recuerdos.
Descubro así, sin ti, la vida ignífuga,
pero entre catastróficas cenizas.

A RIVER RUNS THROUGH IT

TÚ, que fuiste torrente furibundo de un río,
rumor convulso de la torrentera:
sorteamos los rápidos juntos, desmoronamos
márgenes, arrastramos sedimentos,
entre mis dedos agua que en tus labios
fue alboroto, lengua fuiste de río,
la líquida mirada de agua fría
el inquieto tropel de mi ribera.

Mucho más adelante, misterios del remanso,
fuiste río acomodado y cabal
agua dormida en hábito de fluir
como hilo silente de plasma transfusional,
agua herida de mansedumbre agua que anticipa
somero mar sometido, agua al fin
en la que se ahogaron las respuestas
igual que en un líquido amniótico teñido.

Ahora el río ya es ocre de otoño
frío en unos dolorosos meandros
por los que discurre el abatimiento
como una sombra oleosa en las aguas
del puerto. Un río que ya no es del todo
agua dulce y que, sin ti, apenas sigue
siendo río, y hasta los recuerdos dejan
de ser alas y son más bien élitros de ocaso.

LA ORFANDAD INVADIDA

COMO si mi soledad ignoraras
habitada, como si desdeñaras
el destierro de ti lleno, no paras
de enviarme mensajeros.

Porque mi cuerpo es memoria del tuyo.

Porque no existe rincón de mi cuerpo
que no sea amalgama de recuerdo,
hoy que me faltas.

Porque en cualquier parcela de este cuerpo
que antes fue tu refugio, tu emisario
puede ser la blusa que visto, y rozas
mi pecho y acaricias mi vientre cuando
abrocho la camisa.

A mi piel, que ávida intuyes, envías
esta brisa caliente y húmeda como
tu aliento tantas veces en mis labios.
Exhalas hálito manso que arrulla
fragante y roza mi tráquea recorre
y expande mis pulmones.

Como si olvidaras que soy incapaz
de ver con ojos neutros este mundo,
procuras que alguien con tu pelo cruce
y perciba aromas de tu cabello
hundido en mi nariz.

O alguien con tu sonrisa de viaje
y entonces siento tu mano en la mía
en el despegue.
Haces que me requieran por tu nombre
en megafonías de aeropuerto,
y en el hotel la camarera dobla
embozos con tus manos.

Condensas una nube arriba y traes
el paraguas que un día compartimos.
Si acaso una gota me moja, quedo
de tu humedad mojado.

Si escuchas mi silencio, tarareas
esa música que juntos amamos,
que surge de la entreabierta puerta
de nuestra taberna de tantas noches.

Y al atender este afán de lectura,
me pones en la ruta de nuestra librería
donde tropiezo con un libro de Ángel González.
Abro al azar sus páginas y leo
en tu boca su verbo:
«...este amor ya sin mí te amará siempre».

EL TREN QUE NUNCA LLEGA

EN la noche que respira que suda
se despierta y palpita
sueña sueños de andén
y de olivos que corren
y pies que titubean,
concibo en esa noche
tu rostro acribillado por la ausencia.
El hilo cada vez
más tenue de una mezquina memoria,
restituidora errada,
incapaz de ofrecer tu cuerpo vivo
y moviente en sus sutiles detalles,
de modo que la evocación arruina.

Y con los ojos húmedos termino
por situarme de parte de la ausencia.
Soy el tren que nunca llega.

CORO DE LO NUNCA DICHO

PERDIDO, amor, entre tus omisiones construyo
voces no pronunciadas nunca, y dices amor
cuando elegiste rencor, hablas de besos cuando
solo eras vano olvido, mencionas compartir
y, no obstante, evocabas abandono y apatía
y anuncias sexo, cuando ya vivías la ausencia.

Palabras jamás dichas que sin embargo yo oigo,
costuras del deseo, hilvanes del recuerdo
guardados en sinapsis, neuronas de hipocampo,
cimentadas en bruna confidencia de páginas
de uno de muchos tomos en uno de los muchos
pasillos de ménsulas y baldas de memoria.

ADIÓS REVERSIBLE

GIRAS sobre ti misma,
tiendes la mano; no obstante te alejas.
Destella en el abismo naciente tu fulgor:
el Hades pronuncia tu nombre
y reclama su prioridad.

Con mis besos todavía en tus labios
y aroma de mis lunas y mis brumas,
te distancias definitivamente
abismada ya en futuro de túneles,
de reino oscuro de inframundo.

Pero, digo, no está todo perdido,
doy la vuelta para no volver nunca
y en la lóbrega sima
de esa boca de metro
me hundo contigo.

ADIÓS IRREVERSIBLE

AUNADO en la huida del sol con la tarde,
entre la hierba recién cortada húmeda y oscura,
bajo el cielo fracturado entre ramas,
la eternidad quebradiza y débil,
intolerante con cualquier apego,
ha resultado herida:
rojo Idus de septiembre
teñido de tu sangre.

Con lágrimas he recordado hoy el día
que se adoptó el horario de verano.
Irremediablemente te quise una hora menos
y sé que ahora en el cercano otoño
será un humilde y estúpido milagro
el que hará que a las tres sean las dos
y me devolverá un tiempo ya entonces
completamente estéril.

DESPEDIDA Y CIERRE
(DESMORONAMIENTO Y CESE DE
LA PALABRA)

DE cuanto ahora recuerdo es el ansia
de confundirnos en un solo mar
con unísono romper de las olas
en trampas de bajíos.

Y todavía sobre el mismo lecho
inauguraste la distancia lejos
con tus silencios largos y el latido
de tu lento cansancio.

Camino hoy por el fondo legamoso
de un mar recién dividido: los pasos
se hunden en fango y se va despojando
la vida de nosotros.

Y sé que nunca más el corazón
ardido nunca más luz de tus ojos,
la cadencia de tu voz nunca más
tu luz sobre mi bruma.

CARTA DE AJUSTE

Uno de los dos muertos debe seguir de pie.
LUIS GARCÍA MONTERO

DESEO que del recuerdo me alcance
el olor de tu nuca,
que surja evocación del tacto suave y terso
de tus caricias en mi espalda,
que vengan otra vez los pechos y caderas
como si nunca
te hubieras ido;
como si tu ceniza derramada
permaneciera atómicamente
amándome.

ÍNDICE